PERSONAL INFO.

NAME _
BIRTHDAY _
ADDRESS _
MOBILE PHONE _
E-MAIL _
SNS _
SCHOOL·OFFICE _
OTHERS _

365 letters
나를 찾는 하루 한 줄의 힘

—

2016년 11월 10일 1판 1쇄 인쇄
2016년 11월 17일 1판 1쇄 발행
—

지은이 이혜미, 진혜련
펴낸이 이상훈
펴낸곳 책밥
주소 03986 서울시 마포구 동교로23길 116 3층
전화 번호 02) 582-6707
팩스 번호 02) 335-6702
홈페이지 www.bookisbab.co.kr
등록 2007.1.31. 제313-2007-126호
—

기획·진행 김난아, 신효영
디자인 디자인허브
일러스트 정영은
—

ISBN 979-11-86925-14-0 (13190)
정가 14,000원
—

책밥은 (주)오렌지페이퍼의 출판 브랜드입니다.

365 letters

나를 찾는 하루 한 줄의 힘

책밥

2017

1

S	M	T	W	T	F	S
1	2	3	4	5	6	7
8	9	10	11	12	13	14
15	16	17	18	19	20	21
22	23	24	25	26	27	28
29	30	31				

2

S	M	T	W	T	F	S
			1	2	3	4
5	6	7	8	9	10	11
12	13	14	15	16	17	18
19	20	21	22	23	24	25
26	27	28				

3

S	M	T	W	T	F	S
			1	2	3	4
5	6	7	8	9	10	11
12	13	14	15	16	17	18
19	20	21	22	23	24	25
26	27	28	29	30	31	

4

S	M	T	W	T	F	S
						1
2	3	4	5	6	7	8
9	10	11	12	13	14	15
16	17	18	19	20	21	22
$^{23}/_{30}$	24	25	26	27	28	29

5

S	M	T	W	T	F	S
	1	2	3	4	5	6
7	8	9	10	11	12	13
14	15	16	17	18	19	20
21	22	23	24	25	26	27
28	29	30	31			

6

S	M	T	W	T	F	S
				1	2	3
4	5	6	7	8	9	10
11	12	13	14	15	16	17
18	19	20	21	22	23	24
25	26	27	28	29	30	

7

S	M	T	W	T	F	S
						1
2	3	4	5	6	7	8
9	10	11	12	13	14	15
16	17	18	19	20	21	22
$^{23}/_{30}$	$^{24}/_{31}$	25	26	27	28	29

8

S	M	T	W	T	F	S
		1	2	3	4	5
6	7	8	9	10	11	12
13	14	15	16	17	18	19
20	21	22	23	24	25	26
27	28	29	30	31		

9

S	M	T	W	T	F	S
					1	2
3	4	5	6	7	8	9
10	11	12	13	14	15	16
17	18	19	20	21	22	23
24	25	26	27	28	29	30

10

S	M	T	W	T	F	S
1	2	3	4	5	6	7
8	9	10	11	12	13	14
15	16	17	18	19	20	21
22	23	24	25	26	27	28
29	30	31				

11

S	M	T	W	T	F	S
			1	2	3	4
5	6	7	8	9	10	11
12	13	14	15	16	17	18
19	20	21	22	23	24	25
26	27	28	29	30		

12

S	M	T	W	T	F	S
					1	2
3	4	5	6	7	8	9
10	11	12	13	14	15	16
17	18	19	20	21	22	23
$^{24}/_{31}$	25	26	27	28	29	30

2018

1

S	M	T	W	T	F	S
	1	2	3	4	5	6
7	8	9	10	11	12	13
14	15	16	17	18	19	20
21	22	23	24	25	26	27
28	29	30	31			

2

S	M	T	W	T	F	S
				1	2	3
4	5	6	7	8	9	10
11	12	13	14	15	16	17
18	19	20	21	22	23	24
25	26	27	28			

3

S	M	T	W	T	F	S
				1	2	3
4	5	6	7	8	9	10
11	12	13	14	15	16	17
18	19	20	21	22	23	24
25	26	27	28	29	30	31

4

S	M	T	W	T	F	S
1	2	3	4	5	6	7
8	9	10	11	12	13	14
15	16	17	18	19	20	21
22	23	24	25	26	27	28
29	30					

5

S	M	T	W	T	F	S
		1	2	3	4	5
6	7	8	9	10	11	12
13	14	15	16	17	18	19
20	21	22	23	24	25	26
27	28	29	30	31		

6

S	M	T	W	T	F	S
					1	2
3	4	5	6	7	8	9
10	11	12	13	14	15	16
17	18	19	20	21	22	23
24	25	26	27	28	29	30

7

S	M	T	W	T	F	S
1	2	3	4	5	6	7
8	9	10	11	12	13	14
15	16	17	18	19	20	21
22	23	24	25	26	27	28
29	30	31				

8

S	M	T	W	T	F	S
		1	2	3	4	
5	6	7	8	9	10	11
12	13	14	15	16	17	18
19	20	21	22	23	24	25
26	27	28	29	30	31	

9

S	M	T	W	T	F	S
						1
2	3	4	5	6	7	8
9	10	11	12	13	14	15
16	17	18	19	20	21	22
$^{23}/_{30}$	24	25	26	27	28	29

10

S	M	T	W	T	F	S
	1	2	3	4	5	6
7	8	9	10	11	12	13
14	15	16	17	18	19	20
21	22	23	24	25	26	27
28	29	30	31			

11

S	M	T	W	T	F	S
				1	2	3
4	5	6	7	8	9	10
11	12	13	14	15	16	17
18	19	20	21	22	23	24
25	26	27	28	29	30	

12

S	M	T	W	T	F	S
						1
2	3	4	5	6	7	8
9	10	11	12	13	14	15
16	17	18	19	20	21	22
$^{23}/_{30}$	$^{24}/_{31}$	25	26	27	28	29

인생의 한가운데에서 우리는
매년 365일의 시간을 어떻게 사용할지 선택합니다.

선택은 다양합니다.
선택이 두려워 남을 따라가기도 하고,
선택할 수 있는 기회가 주어진 것조차 모르는 경우도 있고,
선택을 주저하며 갈림길에 머무르기도 합니다.
홀로 가거나 따라가거나 잠시 멈춰 있거나,
모든 선택에는 나름대로 이유가 있습니다.

그 이유는 어디에서 온 것일까요?

인간은 생존, 사랑, 힘, 자유, 즐거움이라는 5가지 기본 욕구를 가지고 있습니다. 우리는 이 5가지 욕구를 충족하기 위해 행동합니다. '선택이론'을 창시한 미국의 정신과 의사이자 심리학자인 윌리엄 글래서(William Glasser)에 따르면 인간의 모든 행동은 5가지 기본 욕구에서 비롯하는 것이며, 자신의 기본적인 욕구를 자각하고 삶의 주인으로서 그 욕구를 충족하기 위해 스스로 생각하고 행동할 수 있을 때 행복감을 느낀다고 합니다.

가만히 눈을 감고 생각해 보세요. 나는 행복한가요? 내 삶의 주인은 나인가요? 나의 다섯 욕구는 균형을 이루고 있을까요? 혹시 어느 한 가지 욕구에만 치우쳐 나머지 욕구를 돌보지 못하고 있지는 않을까요?

여기 나를 찾기 위한 365일간의 여정이 있습니다. '진짜 나'를 찾아가는 하루 한 줄의 힘을 경험해 보세요.

오늘이 그 첫 번째 날입니다.

생존의 욕구 Survival need

식욕, 수면욕, 성욕 등 가장 원초적이고 동물적인 욕구로, 건강한 삶을 유지하기 위해 꼭 필요하다. 일단 충족되면 바로 관심이 사라지는 특징이 있다.

사랑 · 소속의 욕구 Belonging need

사랑하고 정을 나누고 서로 돕고자 하는 욕구. 연애나 우정을 생각하면 쉽다. 사람이 사람답게 살아가는 데 힘을 주는 욕구다.

힘의 욕구 Power need

경쟁과 성취, 인정받고 싶어 하는 욕구. 타인에게 '중요한 존재'이고 싶은 욕구로, 이 욕구가 너무 강력할 경우 상대방을 통제하려 할 수 있다. 타인의 자유 욕구, 사랑 욕구와 대립하여 갈등을 일으킬 수도 있다.

자유의 욕구 Freedom need

자유롭게 행동하고 마음대로 선택하고 싶어 하는 욕구. 대인 관계, 사회생활, 종교 등 삶의 모든 영역에서 자신이 원하는 방향으로 살아간다. 이 욕구가 강할 경우 타인의 자유를 침범할 수 있으므로 타협하는 자세가 필요하다.

즐거움의 욕구 Fun need

재미있는 것에 몰입하고 그것을 지속하려는 욕구. 일에 재미를 느껴 일 중독자가 되고 공부가 재미있어 공부벌레가, 만화에 빠져 오타쿠가 되는 이유는 바로 이 욕구 때문이다. 사람들은 다양한 취미 활동으로 이 욕구를 채운다.

나는 살아 있다.
그래서 행복해지려 한다.

12

DECEMBER

12.01.

다이어리의 시작! 각오 한마디를 적어 주세요.

12.02.

올해를 돌이켜 봤을 때 떠오르는 기억 3가지를 적어 주세요.

12. 03.

12. 04.   나를 변화하게 만드는 것은 무엇인가요?

12.05.　　　　　　　　　　나를 가장 기쁘게 했던 말은 무엇인가요?

12.06.　　　　　　　　　　사랑 하면 떠오르는 색이 있나요?

12.07. 누구에게도 말하지 못했던 비밀을 여기에 털어놓아 보세요.

12.08. 나만의 스트레스 해소법을 소개해 주세요.

12.09.　　　　　올해도 수고한 내 몸을 위해 어떤 보상을 해 줄지 적어 볼까요?

12.10.　　　　　　　　　　삶의 재미를 어디서 찾나요?

12.11. 늘 운이 좋아 보이는 사람이 있다면, 그 사람에 대해 말해 주세요.

12.12. 올해 꼭 이루고 싶었던 목표는 무엇인가요?

12. 13.   올해 처음 시도해 본 것은 무엇인가요? 그때의 기분 어땠나요?

12. 14.   내년의 버킷리스트 5가지를 선정해 주세요.

12.15.

올해 찾은 '나만의 맛집 베스트 5'를 소개해 주세요.

12.16.

올해는 어떤 성과가 있었나요? 마구 자랑해 주세요.

12. 17. 최근 한 달간 가장 자주 들어간 웹 사이트는 어디인가요?

12. 18. 첫눈에 얽힌 아름다운 추억을 적어 주세요.

12.19. 올해 가장 감사했던 일은 무엇인가요?

12.20. 지구를 위해 내가 할 수 있는 일을 적고 지금 바로 실천해 볼까요?

12.21. 내일은 내가 나에게 선물하는 날! 무엇이 좋을까요?

12.22. 가지고 싶은 초능력을 딱 한 가지만 골라 주세요.

12. 23.   크리스마스이브는 누구와 보낼 예정인가요?

12. 24.   산타클로스에게 받고 싶은 선물은 무엇인가요?

12.25.

오늘은 가족을 위한 산타클로스가 되어 봅니다.
어떤 선물이 좋을까요?

12.26.

쿨하지 못했던 순간을 적어 주세요.

12.27.   며칠 남지 않은 올해 안에 꼭 이루고 싶은 일이 있나요?

12.28.   작년의 마지막 날, 나는 어떤 모습이었나요?

12.29.   내년의 마지막 날, 나는 무엇을 하고 있을까요?

12.30.   다음 생에 무엇으로 태어나고 싶나요?

12.31.

올해의 마지막 날입니다. 지금 당신은 어디에 있나요?

행복과 불행을 선택하는 사람
삶과 행동을 통제하는 사람

01

JANUARY

01.01.

새해가 밝았습니다. 올해의 소망을 생각나는 대로 적어 주세요.

01.02.

오늘 부모님께 듣고 싶은 말을 적어 보세요.

01.03. 올해의 목표를 장기적인 것과 단기적인 것으로 구분해 적어 주세요.

01.04.

생각한 것을 실천하게 만드는 나의 원동력은 무엇인가요?

01.05.

주변 사람들이 보는 나는 어떤 사람일까요?
직접 물어보고 여기에 적어 주세요.

01.06. 로또 당첨! 갑자기 오천만 원이 생긴다면 뭘 하고 싶나요?

01.07. 성악설을 믿나요, 성선설을 믿나요?

01.08.　　　　　　　　　　　　　　　　다름을 인정하는 용기가 있나요?

01.09.　　　　　　　　　　　　　　　　내가 가장 나다울 때는 언제인가요?

01.10.

올해의 축제 정보를 모아 적어 주세요.

01.11.

내일 꼭 먹고 싶은 음식은 무엇인가요?

01.12.   나만의 금기 사항이 있나요?

01.13.   열흘 전에 세운 목표를 달성하기 위해
                                         실천할 수 있는 행동 5가지를 적어 봅시다.

01.14.
내 인생을 책으로 쓴다면 제목은 무엇으로 하고 싶나요?

01.15.
인생은 공평하다고 생각하나요?

01.16.

나에게 월요일은 어떤 의미인가요?

01.17.

마음에 와 닿는 노래 가사를 적어 보세요.

01.18.   토닥토닥, 나를 위로해 주는 말은 무엇인가요?

01.19.   최근에 친구에게 어떤 조언을 해 주었나요?

01.20.

01.21.
사랑이라고 확신했던 순간의 기억을 말해 주세요.

01.22.

유난히 집착하는 것이 있나요?

01.23.

목표를 달성하는 데 장애물이 있다면 무엇인가요?
어떻게 해결할 수 있을까요?

01.24.   널리 알리고 싶은 자랑거리가 있나요?

01.25.   불만족스러운 나의 단점을 적어 주세요.

01.26.

'마감이 닥쳐야 아슬아슬하게 일을 마무리한다'
vs '시간을 두고 여유롭게 일한다'
어떤 스타일에 가깝나요?

01.27.

명절을 맞이하는 나의 자세는 어떠한가요?

01.28.

도덕적인 사람과 비도덕적인 사람의 차이는 무엇일까요?

01.29.

더 나은 사회생활을 위해
스스로 보완해야 할 것은 무엇인가요?

01.30.   이번 설에 가장 듣기 좋았던 덕담은 무엇인가요?

01.31.   나만의 휴식 공간은 어디인가요?

나에게 묻는다.
진정 원하는 삶이 무엇인가?

02

FEBRUARY

02.01.

목표를 정한 지 한 달이 지났습니다.
끝까지 이루어 낼 수 있도록 나만의 주문을 만들어 보세요.

02.02.

고통스러울 만큼 숨 막힐 때는 언제였나요?

02.03.

오늘의 점심 메뉴는 무엇인가요?

02.04.

하기 싫은 일을 남에게 떠넘긴 적이 있나요?

02.05.

명화를 보고 감동했던 기억이 있나요?
어떤 그림인지 소개해 주세요.

02.06.

경제적 독립을 위한 전제 조건은 무엇일까요?

02.07.   자존심과 자존감의 차이는 무엇일까요?

02.08.   누군가에게 공감을 얻었을 때의 기분은 어땠나요?

02.09.   나만의 독특한 매력을 소개해 주세요.

02.10.   어제와 다른 내가 되기 위해 노력한 적이 있나요?

02.11.

친구를 감동시켰던 일화를 적어 볼까요?

02.12.

스스로 진실한 사람이라고 생각하나요?

02.13.

함께 있으면 기분이 좋은 세 명의 이름과
그들의 이미지를 적어 주세요.

02.14.

사랑했던 사람, 사랑하는 사람,
훗날 사랑할 사람 중 한 명에게 편지를 써 주세요.

02.15.

02.16.

다시 들어도 좋은 흘러간 노래.
위로를 주는 옛 노래의 제목과 가사를 적어 주세요.

02.17.

오늘 스쳐 지나간 사람의
인생을 상상해 이야기로 만들어 볼까요?

02.18.

어디서 살고 싶나요?

02.19.
최근에 가장 흥분했던 일은 무엇인가요?

02.20.
지금 당장 나를 신나게 만드는 것을 찾아볼까요?

02.21.   즉흥적으로 뭔가 해야 한다면 무엇을 하고 싶나요?

02.22.   나에게 책임감은 어떤 의미이며,
                                    내 삶에 얼마만큼 영향을 끼치고 있나요?

02.23.

나에게 세상은 어떤 의미일까요?

02.24.

3년 후 나는 어떤 사람이 되어 있을까요?

02.25.   오늘 들었던 이야기 중 제일 재밌는 이야기를 소개해 주세요.

02.26.   가장 부러워하는 재능은 무엇인가요?

02.27.

오늘 행복했던 순간이 있었나요?

02.28.

화를 푸는 나만의 방법은 무엇인가요?

원하는 것을 얻기 위해 움직일 때,
생각과 행동이 함께할 때, 비로소 우리는 안정감을 느낀다.
지금 당신은 어떤 생각을 하는가.

03

MARCH

03.01.　　　　　　　　　한국인으로서 자부심을 느끼는 순간은 언제인가요?

03.02.　　　　　　　　　목표 달성을 위해 실천한 행동이 있나요?
　　　　　　　　　　　　　직접 적어 보고 '대견한 나'에게 칭찬해 주세요.

03.03.

과거나 미래로 갈 수 있다면 몇 살이 되고 싶나요?
그 이유는 무엇인지 적어 주세요.

03.04.

장기 목표에 도달하기 위해
한 달 동안 할 수 있는 일들을 잘게 나눠 보세요.

03.05.   3가지 소원을 빌어 볼까요?

03.06.   목에 칼이 들어와도 할 수 없는 것은 무엇인가요?

03.07.

내일은 작은 일탈을 해 볼까요?
계획을 적어 보고 내일 꼭 실천해 보세요.

03.08.

어제 계획한 일탈을 실천했나요? 그 소감을 말해 주세요.

03.09.　　　　　　　잘 알지도 못하면서 누군가를 오해한 적 있나요?

03.10.　　　　　　　돈, 명예, 권력 중 무엇을 원하나요?

03.11.

사람들이 나에 대해 자주 착각하는 것은 무엇인가요?

03.12.

나에게 시간이 한 달밖에 남지 않았다면
어떻게 보내는 것이 좋을까요?

03.13.

이성에게 듣고 싶은 말은 무엇인가요?

03.14.

가지고 싶은 커플 아이템이 있나요?
(싱글이라면 미안해요.)

03.15.   내가 믿고 있는 진리를 말해 주세요.

03.16.   의지하고 싶은 사람이 있나요? 어떤 사람인지 소개해 주세요.

03.17.

내가 뽑은 명작 도서 5권을 소개해 주세요.

03.18.

누구에게나 좋은 점과 나쁜 점이 있습니다.
싫어하는 사람의 좋은 점에 대해 적어 보세요.

03.19.   만약 내가 시장이 된다면 시(市)의 변화를 위해 무엇을 하고 싶나요?

03.20.   나의 목표를 응원해 주는 사람은 누구인가요?

03.21. 지금 당장 할 수 있는 가장 가치 있는 일은 무엇인가요?
바로 실행해 봅시다.

03.22. 나를 얼마만큼 사랑하는지 표현해 주세요.

03.23.

나의 보물 1호는 무엇인가요?

03.24.

지금까지 했던 하얀 거짓말 3가지를 적어 주세요.

03.25. 　　　　　　　　　　　사람이 할 수 있는 일 중에 가장
　　　　　　　　　　　　　　　멍청하고 어리석은 짓은 무엇이라고 생각하나요?

03.26. 　　　　　　　　　　　부끄러움이 전혀 없는 사람에게는 한마디 해 주세요.

03.27.

입맛 당기는 봄철 음식의 리스트를 작성해 볼까요?

03.28.

이상형을 구체적으로 적어 주세요.

03.29.

여행 중 무일푼이 된 나!
집에 돌아갈 비용을 어떻게 마련할 건가요?

03.30.

스스로 다 컸다고 생각한 때는 언제였나요?

03.31.

식물 채집의 날! 꽃잎이든 들풀이든 다 좋아요.
가져온 식물을 여기에 살포시 붙여 간직해 봅니다.

삶의 한두 가지 영역에서만 목표를 정한다면
그것은 노 하나로 배를 저어 가는 것과 같다.
그 배는 한쪽 방향으로만 돌 뿐이다.

댄 자드라

04

APRIL

04.01.   마음에도 없는 아첨을 떨어 본 적 있나요?

04.02.   신을 믿는 이유는 무엇인가요?

04.03.

나만의 공간을 꾸민다면, 꼭 필요한 아이템은 무엇인가요?

04.04.

올해의 계획에 문제가 발생한다면?
만일을 대비해 차선책을 세워 볼까요?

04.05.   다시 태어난다면 어떤 모습으로 태어나고 싶나요?

04.06.   나의 본보기는 누구인가요?

04.07.

문자 보낼 때의 말투 vs 전화할 때의 말투,
어떻게 다른지 직접 적어 보세요.

04.08.   좋아하는 향은 무엇인가요?

04.09.   내 방에서 가장 가치 있는 물건은 무엇인가요?

04.10. 가장 가 보고 싶은 곳의 풍경을 묘사해 주세요.

04.11. 남의 시선으로 바라본 SNS 속 내 모습은 어떤가요?

04.12. 알고 있지만 모르는 척하고 싶은 것을 말해 주세요.

04.13. 내가 힘을 낼 수 있는 원동력은 무엇인가요?

04.14.

잠들기 전 번뜩 떠올라 이불을 뻥뻥 차게 하는
나의 실수를 적어 볼까요?

04.15.   잠이 안 올 때 주로 어떤 생각을 하나요?

04.16.   한 달 동안 원하는 곳에서 시간을
보낼 수 있다면 어디에서 무엇을 하고 싶나요?

04.17.

오늘 통화한 사람들의 이름을 적어 주세요.

04.18.

지적 호기심을 유발하는 최근의 이슈를 적어 보세요.

04.19.   농담으로 넘기기에 조금 불편한 말을 들은 적 있나요?

04.20.   나만의 힐링 노하우를 소개해 주세요.

04.21.

포기가 빠른 편인가요?

04.22.

우리 가족을 자랑해 주세요.

04.23.   요즘 진심으로 누군가를 칭찬해 본 적 있나요?

04.24.   영화나 소설, 만화 등의 세계에서
                              가장 사랑하는 캐릭터를 소개해 주세요.

04.25.

장인정신을 가지고 오랫동안
만들고 싶은 것이 있다면 무엇인가요?

04.26.

살아가면서 무시해도 좋다고 생각하는 것이 있나요?

04.27.   요즘 나의 위시리스트는 무엇인가요?

04.28.   내일 아침엔 일어나자마자 내 몸에게 선물을 줄 거예요.
어떤 것이 있을까요?

04.29.   혼자 무엇을 하며 보내는 시간이 가장 행복한가요?

04.30.   행복의 3가지 요소를 꼽아 주세요.

나에게 친절해 보자.
충분히 애쓰고 있으니까.

05

MAY

05.01.　　　　　　　　　　기억에 남는 누군가의 말을 적어 보세요.

05.02.　　　　　　내가 가진 편견 5가지를 적어 봅시다. 편견일까요, 진실일까요?

05.03.

가장 어렵게 내린 결정은 무엇이었나요?

05.04.

나의 여행 스타일은 어떤가요?

05.05.   어린이날의 추억을 말해 주세요.

05.06.   나의 태몽은 무엇이었나요?

05.07.

내일은 어버이날! 부모님께 마음을 담은 편지를 써 보세요.

05.08.   오늘 하루 느꼈던 감정을 모두 적어 주세요.

05.09.   내가 생각하는 정서적 독립이란 무엇인가요?

05.10.

나만의 명언을 만들어 볼까요?

05.11.

지우개로 쓱쓱 지우고 싶은 기억의
핵심 단어를 자음으로만 적어 보세요.

05.12.　　　　　　　　　　　내가 생각해 낼 수 있는 최초의 기억은 무엇인가요?

05.13.　　　　　　　　　　　목표 달성을 위해 쉼 없이 달려가고 있나요?
　　　　　　　　　　　　　　　이 질문을 받은 지금의 기분을 솔직하게 말해 주세요.

05.14. 기억에 남는 꿈을 이야기해 주세요.

05.15. 학창 시절에 좋아했던 선생님과의 추억을 떠올려 볼까요?

05.16.

요즘 나의 취미는 무엇인가요?

05.17.

스쳐 지나가 버린 그리운 사람 5명의 이름을 적어 주세요.

05.18.

가장 행복했던 순간은 언제였나요?

05.19.

여전히 순수하다고 느낄 때가 있나요?

05.20.

당시에는 후회했지만 돌이켜 보니
현명했다고 생각되는 일에 대해 말해 주세요.

05.21.

끝까지 고집부리는 것이 있나요?

05.22.

자주 만나지 못하는 사람 중에
소중히 챙겨야 할 누군가가 있나요?

05.23.

옷장 속 가장 오래된 옷에 얽힌 추억은 무엇인가요?

05.24. 가운데에 내 이름을 적고,
생각나는 단어들로 마인드맵을 그려 보세요.

05.25. 나를 행복하게 만드는 가장 효과적인 방법은 무엇인가요?

05.26. 그동안 만났던 사람들 중에서 가장 이상한 사람은 누구인가요?

05.27. 어려운 문제에 부딪혔을 때
가장 먼저 떠오르는 생각은 무엇인가요?

05.28.　　　　　　공적인 일과 사적인 일 사이에서 어떻게 균형을 잡고 있나요?

05.29.　　　　　　'소나무'로 삼행시를 지어 주세요.

05.30.

완벽했던 하루의 기억을 말해 주세요.

05.31.

당신의 별자리를 소개해 주세요.

우리가 만나 보지 못한 세상은 터무니없이 넓어.
실패해도 좋아. 돌아가도 좋아.
길은 하나가 아니야. 결승점도 하나가 아니야.
그건 인간의 수만큼 있는 거야.

리쿠르트 광고 중

06

JUNE

06.01.

주어진 환경과 타고난 능력 중
바꾸고 싶은 것이 있다면 무엇인가요?

06.02.

초등학생 때 꿈꾸던 직업과
현재 꿈꾸는 직업은 각각 무엇인가요?

06.03.
지레 겁먹어 시작하기도 전에 포기한 일이 있나요?

06.04.
쓸데없이 걸리적거린다고 생각하는 것이 있나요?

06.05.

친구들을 떠올려 봅니다.
가장 먼저 떠오른 친구와의 가장 재밌었던 추억을 말해 주세요.

06.06.

정이 많아 스스로 힘들었던 적이 있나요?

06.07.   사람들에게 인정받고 싶은 것은 무엇인가요?

06.08.   내 인생의 명언 5가지를 적고 외워 볼까요?

06.09.   좋아하고 닮고 싶은 사람들의 공통점이 무엇인가요?

06.10.   오늘 나만을 위한 시간을 얼마큼 가졌나요?

06.11.   마지막 사랑에 대해 적어 보세요.

06.12.   나의 성격을 말해 주는 단어를 쭉 나열해 보세요.

06.13.

가장 자주 연락을 주고받는 사람은 누구인가요?
보통 무슨 이야기를 하나요?

06.14.

나는 언제 우나요?

06.15.

배꼽 잡고 웃었던 일에 대해 말해 주세요.

06.16.

내 인생에서 스스로 바꿀 수 있다고
생각하는 것은 무엇인가요?

06.17.   나의 신념은 무엇인가요?

06.18.   기회가 온 것을 알아차린 적이 있나요?

06.19.

학교, 회사, 모임 등 내가 소속된 곳을 적어 보세요.
이들은 내 삶에 어떤 영향을 주고 있나요?

06.20.

꿈꾸는 노후 생활에 대해 말해 주세요.

06.21.

야한 생각들을 자음으로 적어 볼까요? 최대한 야하게!

06.22.

짝사랑한 경험이 있나요?

06.23.

나만의 공간을 새롭게 꾸미는 것도 실력입니다.
원하는 스타일의 인테리어 사진을 붙이고
내 방을 꾸밀 계획도 세워 볼까요?

06.24.   나에게 도움이 된 뼈아픈 충고를 들은 적이 있나요?

06.25.   단골 가게가 있나요?

06.26.   여름날, 밖에서 즐길 수 있는 운동을 생각나는 대로 적어 보세요.

06.27.   미래의 나에게서 온 편지, 뭐라고 적혀 있을까요?

06.28.   수요일을 좋아하나요?

06.29.   휴가 계획을 짜 볼까요?

06.30.

올해도 반이 지났습니다.
지금까지 해낸 것들을 정리해 보세요.

괜찮다, 다 괜찮다. 토닥토닥.

07

JULY

07.01.

07.02.

누군가의 생각을 읽을 수 있다면,
어떤 사람의 생각이 가장 알고 싶나요?

07.03.

오늘 아쉬움이 남는 일이 있나요?

07.04.

지금 떠오른 단어 하나를 시작으로 끝말잇기를 해 볼까요?

07.05.

오래도록 하고 싶었지만 할 수 없었던 것과
그 이유는 무엇인가요?

07.06.   직종이나 전공을 바꿀 수 있다면 어떤 분야를 선택하고 싶나요?

07.07.   대통령이 된다면 가장 먼저 하고 싶은 일은 무엇인가요?

07. 08.

오늘은 우편함을 확인해 봅시다.
어떤 우편물이 들어 있었나요?

07. 09.

매일 반복되는 24시간 중 가장 사랑하는 시간은 언제인가요?

07. 10.

암울했던 시절에 대해 적어 보세요.

07. 11.

꽉 막힌 고속도로에 갇혔습니다.
지루한 시간을 견뎌 내는 나만의 노하우가 있나요?

07. 12.   대청소하는 날! 어디부터 치워야 할까요?

07. 13.   인터넷이 없는 나의 일상은 어떨까요?

07. 14.   한번 생각나면 하루 종일 머릿속을 떠나지 않는 노래가 있지요.
지금 입에 맴도는 가사를 적어 보세요.

07. 15.   최근에 새롭게 배운 것은 무엇인가요?

07. 16.   최근에 가장 분노했던 사건은 무엇인가요?

07. 17.   사람이 바뀔 수 있다고 생각하나요?

07. 18.   요즘 어떤 운동을 하고 있나요?

07. 19.   요즘 친구들 사이에서 가장 큰 화두는 무엇인가요?

07. 20.　　　　　한 달 동안 다른 사람으로 살 수 있다면 누구로 살아 보고 싶나요?

07. 21.　　　　　나의 전성기는 언제일까요? 왜 그때라고 생각하나요?

07. 22.

죄의식을 느낀 일에 대해 적어 보세요.

07. 23.

'만약 그랬더라면……'
인생에서 가장 후회되는 일은 무엇인가요?

07. 24.

기억에 남는 봉사 활동에 대해 말해 주세요.

07. 25.

한 달간 휴가가 주어진다면 무엇을 할까요?

07. 26.

최근에 구매한 물건의 후기를 적어 주세요.

07. 27.

누군가에게 노래를 불러 준 적 있나요?
어떤 노래인가요?

07. 28.

긴급 상황 발생! 가족의 휴대폰 액정을 깨트렸습니다.
이 상황을 어떻게 극복할 것인가요?

---

07. 29.

쉬는 시간에 주로 무엇을 하나요?

07.30.

정신적 나이가 몇 살이라고 생각하나요?

07.31.

꿈과 목표의 차이는 무엇일까요?

삶을 음미하라! 즐겨라!
우리는 이 길을 딱 한 번 지나갈 뿐이다.

08

AUGUST

08. 01.

가장 좋아하는 영화의 한 장면을 소개해 주세요.

08. 02.

불공평하다고 느꼈던 경험에 대해 말해 주세요.

08. 03. 가장 먼저 살펴보는 기사 카테고리는 무엇인가요?

08. 04. 나에게 가장 어려운 선택은 두엇인가요?

08. 05.   만 원으로 할 수 있는 가장 가치 있는 일은 무엇일까요?

08. 06.   경쟁 사회에서 살아남기 위한 나만의 필살기는 무엇인가요?

08. 07.

인생의 스승 3명을 꼽아 주세요.

08. 08.

대한민국에서 여자로(또는 남자로) 산다는 것은 어떤 의미인가요?

08. 09.   요즘 인기 있는 영화는 무엇인가요?

08. 10.   살면서 가장 황당했던 순간은 언제인가요?

08. 11.

외우고 싶은 시의 구절을 주저리주저리 적어 보세요.

08. 12.

오늘 하루 어떻게 살았나요?

08. 13.

최근에 꾼 꿈을 묘사해 주세요.

08. 14.

상반기에 세웠던 목표들, 돌이켜 보니 어떤가요?
순조롭지 않다면 실현 가능하도록 조금 수정해 봅시다.

08. 15.

무슨 요일을 가장 좋아하나요?

08. 16.

갑자기 훅 우울해지는 순간은 언제인가요?

08. 17.   웃기지 않은 농담에 웃어 준 적이 있나요?

08. 18.   휴가를 어떻게 보냈는지 말해 주세요.
                                    아직이라면 구체적인 계획을 적어도 좋습니다.

08. 19.

법을 어긴 적이 있나요? 언제, 어디서, 어떻게?

08. 20.

번뜩이는 아이디어가 있나요?
창의력 점수를 스스로 매겨 봅시다.

08. 21.   독특한 인생을 살고 있는 주변 사람에 대해 말해 주세요.

08. 22.   나를 힘들게 하는 습관은 무엇인가요?

08. 23.

나의 문화생활을 인증해 봅시다.
최근에 본 영화나 공연, 전시 등의 티켓을 붙여 주세요.

08. 24. 더위도 곧 가시겠죠? 이번 여름이 준 선물은 무엇인가요?

08. 25. 저녁 식사에 유명인을 초대할 수 있다면 누구에게 초대장을 보낼까요?

08. 26.

위험한 상황을 직접 겪어 본 적 있나요?

08. 27.

오늘 가장 마지막으로 한 생각은 무엇인가요?

08. 28.　　　　　　'휴양지에서 생긴 일'을 제목으로 이야기를 만들어 보세요.

08. 29.　　　　　　요즘 즐겨 보는 TV 프로그램은 무엇인가요?

08. 30. 기억에 남는 아르바이트 경험을 소개해 주세요.

08. 31. 하지 않는 것도 나의 권리,
오늘 할 일을 적어 보고 내일로 미룹시다.

숲 속에 두 갈래 길이 있었다.
나는 인적이 드문 길을 택했다.
그리고 모든 것이 달라졌다.

로버트 프로스트

09

SEPTEMBER

09.01.　　　　　　　　　　　　9월의 첫날입니다. 오늘 날씨는 어땠나요?

09.02.　　　　　　　　　　　　자신 있는 신체 부위는 어디인가요?

09.03.　　　　　　　　　아무에게도 보여 주고 싶지 않은 모습은 무엇인가요?

09.04.　　　　　　　　　요즘 서점을 점령한 책은 무엇인가요?

09. 05.

연초에 세운 목표를 달성하려는 이유가 무엇인가요?

09. 06.

자주 혼동하는 맞춤법이 있나요?
몇 가지 적어 보고 더 이상 실수하지 맙시다.

09. 07.

배우고 싶은 취미가 있나요?

---

09. 08.

힘든 시간을 함께한 사람은 누구인가요?

09. 09.   오늘 눈뜨자마자 처음 만난 생명체는 무엇인가요?

09. 10.   가장 무서워하는 것은 무엇인가요?

09. 11. 시를 한 편 지어 봅시다. 이상하면 어때요? 어차피 나만 볼 건데!

09. 12.   가장 잘 만드는 음식의 레시피를 적어 보세요.

09. 13.   어렸을 때 좋아했던 동화는 무엇인가요?

09. 14.

누구라도 좋습니다. 미래의 그 사람에게 편지를 써 주세요.

09. 15.

사소한 모험을 계획한 후 내일 실행해 볼까요?
가 본 적 없는 길을 가거나 먹어 본 적 없는 음식을 먹거나.

09. 16.

오늘 시도한 모험에 대해 이야기해 주세요.

09. 17.

냉장고를 들여다봅시다. 무엇이 있나요?

09. 18.

오늘 눈뜨자마자 처음 한 생각은 무엇인가요?

09. 19.   몇 달간 지속적으로 생각하고 있는 결심이 있나요?

09. 20.   심장이 쿵! 내 심장 소리가 들렸던 때는 언제인가요?

09. 21.

축제의 계절입니다.
올가을 꼭 가고 싶은 축제는 무엇인가요?

09. 22.

가을 소풍에 대한 추억이 있나요?

09. 23.　　　　　　　　　　건강을 위해 지키고 있는 것이 있나요?

09. 24.　　　　　　　　　　한 주간 나에게 가장 큰 영향을 준 사람은 누구인가요?

09. 25. 지금 앞에 놓여 있는 사물을 자세히 살핀 후 그려 보세요.

09. 26. 오늘 하루 최고의 순간은 언제였나요?

09. 27.

할 수 있는 것, 할 수 없는 것, 해서는 안 되는 것을
각각 적어 보세요.

09. 28.

'나는 누구일까?'
스스로 10번 물어보고 10번 대답해 보세요.

09.29.

채널을 돌리게 하는 연예인이 있다면 누구인가요?

09.30.

이번 9월을 한 단어로 표현해 주세요.

인생은 자전거를 타는 것과 같다.
균형을 유지하기 위해서는 계속 움직여야 한다.

알버트 아인슈타인

10
OCTOBER

10. 01.

지난달 가장 비싸게 지불한 것은 무엇인가요?

10. 02.

나에게 용기를 불어넣는 한마디를 적어 보세요.

10. 03.

가 치 있는 삶이란 무엇일까요?

10. 04.

지금 하고 있는 모든 일에
'왜 해야 하지?'라는 질문을 던져 볼까요?

10. 05.

나도 모르게 습관처럼 쓰는 '말은 무엇인가요?
주변 사람들에게 물어보세요.

10. 06.

무엇을 위해 살고 있나요?

10. 07.

최근에 한 사과는 무엇인가요?

10. 08.

최근에 친해진 사람이 있나요?

10. 09.

나를 흥분시키는 것은 무엇인가요?

10. 10.

멘토가 있다면 누구인지 소개해 주세요.

10. 11.　　　　　　　　　　　　　　　　도덕심이 흔들렸던 순간이 있나요?

10. 12.　　　　　　　　　　　　최근에 가장 가슴 아팠던 기억을 말해 주세요.

10. 13.   이번 주말은 어떻게 보낼 건가요?

10. 14.   이 가을을 보내기 위해 꼭 사야 하는 것 3가지를 적어 보세요.

10. 15.

데자뷰를 경험한 적이 있나요?

10. 16.

옷장을 열었을 때 가장 많이 보이는 색은 두엇인가요?

10. 17.

반려동물을 키워 본 경험이 있나요?
그 친구는 나에게 어떤 의미인가요?

10. 18.

나는 항상 (   )을/를 하고 싶었다.
괄호 안을 채울 내용은 무엇인가요?

10. 19.

오늘 만난 사람들을 한 명씩 소개해 주세요.

10. 20.

해야지, 생각하면서도 계속 미루고 있는 일은 무엇인가요?

10. 21. 좋아하는 반찬은 무엇인가요?

10. 22. 내일부터 읽을 책의 제목을 적어 주세요.

10.23.

내가 저지른 가장 멍청한 행동은 무엇인가요?

10.24.

2050년, 이 세상은 어떻게 변해 있을까요?

10. 25.

외우고 있는 전화번호를 모두 적어 보세요.

---

10. 26.

자고 일어나니 성별이 바뀌었습니다.
가장 먼저 하고 싶은 것은 무엇인가요?

10. 27.   오늘 나의 하루를 한마디로 표현해 주세요.

10. 28.   마음에 드는 라틴어 문장을 한 줄 적어 봅시다.

10. 29.

오늘 하루의 생활 계획표를 그려 봅시다.
어떤 일을 했나요? 어제와 얼마큼 다른가요?

10. 30. 기억에 남는 가을날의 추억을 소개해 주세요.

10. 31. 만약 시월이 하루 더 남아 있다면 무엇을 하고 싶나요?

무언가를 하면 행복해진다는 것을 알아야 한다.
더 이상 내 목표를 행복이라고 말하지 않겠다.
내 목표는 더 구체적이고, 그렇기에 나는 안정적이다.

11

NOVEMBER

11. 01. 올해 최고의 선택은 무엇인가요?

---

11. 02. 친구들의 생일을 적어 봅시다. 몇 명의 생일을 기억하고 있나요?

11.03.

월동 준비를 위해 필요한 것은 무엇인가요?

11.04.

올해 가장 성취감을 느꼈던 순간은 언제인가요?

11. 05.   점술을 믿나요?

11. 06.   열정 하면 떠오르는 사람은 누구인가요?

11. 07.

산과 바다 중 더 좋아하는 곳이 어디인가요?

11. 08.

사람들과 친해지는 나만의 방법이 있나요?

11. 09. 스트레스의 원인 5가지를 순위대로 적어 주세요.

11. 10. 죽기 전에 이 세상에 무엇을 남기고 싶나요?

11. 11.

낙엽 하나를 주워 여기에 간직해 보세요.

11. 12.   만들고 싶은 법(法)이 있다면 무엇인가요?

11. 13.   가장 지겨운 순간은 언제인가요?

11. 14. 나의 경쟁심에 불을 붙이는 그것은 무엇인가요?

11. 15. 늦가을의 제철 음식을 소개해 주세요.

11. 16.   신은 감당할 수 있을 만큼의 시련을 준다는 말에 동의하나요?

11. 17.   '내 집 마련'에 대해 어떻게 생각하나요?

11. 18.

어떤 기회가 찾아오길 바라나요?

11. 19.

안정된 삶을 추구하나요?

11. 20. 올해 읽은 책 가운데 마음에 남는 구절을 적어 주세요.

11. 21. 나의 첫사랑은 지금 무엇을 하고 있을까요?

11. 22. 오늘이 특별한 이유는 무엇인가요?

11. 23. 이번 주에 가장 반가웠던 소식은 무엇인가요?

11. 24.   가방에 늘 넣고 다니는 물건은 무엇인가요?

11. 25.   요즘 자꾸만 눈에 밟히는 것이 있나요?

11. 26.

자제력이 강한 편인가요?

---

11. 27.

그동안 계획했던 목표를 위해 실행한 것을
적어 보고 나에게 칭찬해 주세요.

11. 28.

오늘의 옷차림을 세세하게 묘사해 주세요.

11. 29.

평상시 궁금했던 것이 있다면 지금 구글링으로 해결해 봅시다.
해답을 찾았다면 여기에 적어 주세요.

11. 30.

한 권의 일기를 마치며
하고 싶은 이야기를 마음껏 적어 보세요.

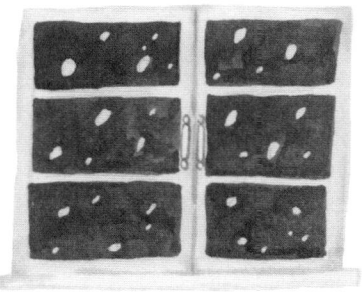

365일, 하루 한 줄의 질문에 답하며 다이어리를 완성한 당신에게 박수를 보냅니다. 1년간의 긴 여정은 당신 안의 욕구를 찾아가는 과정이었습니다. '진짜 나'를 마주할 준비, 되셨나요?

오른쪽 페이지를 보면 표가 있습니다. 맨 위쪽 칸에는 다섯 가지 욕구가 적혀 있고, 왼쪽 칸에는 특별한 질문을 했던 서른여섯 개의 날짜가 적혀 있습니다. 앞으로 돌아가 해당 날짜의 질문에 어떻게 대답했는지 읽어 보세요. 자신의 대답에서 생존, 사랑, 힘, 자유, 즐거움 중 어떤 욕구가 보이나요? 대답에 담긴 욕구를 찾았다면 해당 욕구의 칸에 동그라미를 그려 주세요. 중복 선택도 가능합니다. 서른여섯 개의 질문을 모두 확인했다면 맨 아래쪽 칸에 욕구별로 동그라미가 총 몇 개인지 적어 볼까요?

당신의 글 안에 당신이 있습니다. 어떻게 답했는지 돌이켜 보고 그때의 나와 지금의 나를 비교해 보세요. 내가 어떤 욕구에 반응하는지, 무엇을 위해 행동하는지, 스스로 생각해 보는 것만으로도 의미가 있습니다. 지금 당신이 서 있는 곳을 알면 어디로 나아가야 할지 알 수 있으니까요.

	생존 · Survival	사랑 · Belonging	힘 · Power	자유 · Freedom	즐거움 · Fun
1205					
1214					
1227					
0104					
0106					
0122					
0202					
0209					
0223					
0303					
0305					
0312					
0405					
0413					
0416					
0518					
0525					
0527					
0608					
0609					
0617					
0705					
0709					
0715					
0803					
0812					
0827					
0918					
0926					
0928					
1006					
1009					
1018					
1113					
1118					
1122					
합					

일기를 되돌아본 결과는 어떤가요? 당신의 다섯 욕구, 모두 잘 있나요? 다섯 욕구가 고르게 나타나나요, 아니면 한 가지 욕구만 월등히 높나요? 어떤 결과든 틀린 것도, 나쁜 것도 없습니다. 총합이 높은 욕구는 다른 욕구보다 우선적으로 앞서 있는 욕구라고 할 수 있습니다. 한두 가지 욕구만 높다고 해서 잘못된 것은 아니지만 낮은 점수의 욕구 역시 내가 가진 기본적인 욕구입니다. 다른 욕구에 비해 소외된 욕구가 있다면 이제부터 조금 더 신경 써 볼까요? 어느 날 갑자기 그 욕구가 불쑥 튀어나와 당신을 힘들게 할지도 몰라요. 나의 욕구가 균형을 이룰 수 있도록, 다가올 새로운 1년에 대한 계획을 짜 보는 것은 어떨까요?

생존의 욕구가 높은 나 Survival need

잘 먹고 언제든 따뜻한 곳에서 편히 쉴 수 있어야 합니다. 몸이 편안해야 다른 일에 집중할 수 있거든요. 인간도 동물이고, 동물에게 생존은 가장 중대한 일입니다. 배가 고픈데 바쁘다고 일에만 몰두해야 한다면, 이는 과연 무엇을 위한 삶일까요? 가장 기본적인 욕구를 잘 챙기는 당신은 스스로에게 솔직하고 건강한 사람입니다. 하지만 이 욕구만 특히 높다면, 다른 욕구를 해결할 자신이 없거나 다른 욕구를 알아차리지 못해 여기에만 집중하는 것일 수 있어요. 다른 욕구에도 관심을 나누어 줍시다.

사랑·소속의 욕구가 높은 나 Belonging need

사람들과 함께하는 것을 좋아합니다. 그들과 더불어 있음에 행복함을 느끼거든요. '혼밥', '혼술'을 이해할 수 없고, 소속감을 느껴야 안심이 됩니다. 관계 속에는 갈등도 있지만 그럴수록 의지할 곳이 있어야 힘이 납니다. 가끔은 관계가 깨질까 봐 불안해하기도 하지만 어쩔 수 없습니다. 외로운 것이 제일 무서운걸요. 하지만 관계를 유지하기 위해 타인의 욕구에만 맞추다 보면 '진짜 나'는 사라질지도 몰라요. '나'는 무시한 채 그들의 욕구에 이끌려 진짜 원하는 것이 무엇인지 놓칠 때가 있습니다. 그렇게 되면 오히려 당신이 피폐해지고 진정한 관계를 망칠 수 있어요. 나를 지켜 나가며 다른 사람과의 관계를 생각해야 한다는 점, 잊지 마세요.

힘의 욕구가 높은 나 Power need

사람들에게 존중받기를 원합니다. 존재와 능력을 인정받는 것으로 힘을 얻거든요. 성취를 위해서라면 경쟁도 기꺼이 해냅니다. '능력자'인 당신은 인정받는 곳에서 최선을 다하며, 어디서든 빛을 냅니다. 그러나 가끔 혼자만 애쓴다고 생각할 수 있어요. 노력한 만큼 보상이 따르지 않으면 기운이 빠지거나 외로움도 느낍니다. 노력과 진심을 몰라줘 속상하다면 내면의 신호를 헤아려 보세요. 어쩌면 그것은 방향을 바꿔 돌아가거나 다른 길을 찾으라는, 혹은 휴식이 필요하다는 메시지일 수 있거든요. 당신은 이미 연료를 충분히 가지고 있습니다. 지금도 나아가고 있을 당신을 응원합니다.

자유의 욕구가 높은 나 Freedom need

자유로운 생활과 여유를 추구합니다. 무언가에 얽매이고 집착하거나 누군가에게 구속받는 것은 숨 막히죠. 자유로운 상황에서 가장 창의적이며 당신의 능력을 마음껏 펼칠 수 있습니다. 만약 현실적으로 불가능하다면 내적으로라도 자유를 찾으세요. 그렇다고 방종은 아닙니다. 자유에는 그만큼 책임이 따르기 마련이니까요. 스스로 택한 자유와 그것을 감당할 수 있는 힘이 조화를 이룬다면 당신의 인생은 그 누구보다 멋질 것입니다. 생각은 자유롭게. 행동은 책임감 있게!

즐거움의 욕구가 높은 나 Fun need

재미야말로 삶의 원동력이자 인생의 의미입니다. 일상에서도 즐거움을 찾기 위해 노력하죠. 일도 재미있어서 하는 것이고, 일에 열중하지 못한다면 그것은 즐거움이 사라졌기 때문입니다. 감각적인 것이든 지적인 것이든 재미를 느끼는 순간 당신은 그것에 몰두할 수 있습니다. 취미 생활 역시 소소한 재미에서 끝나지 않습니다. 하지만 즐거움만 추구하다 보면 꼭 해야 할 일들을 미루기도 합니다. 이것이 즐거워지고 싶은 당신의 인생에 방해가 될 수 있으니 조심하세요. 인생의 진정한 즐거움은 의무와 책임을 다할 때 누릴 수 있습니다.

'나'를 찾기 위해 노력한 당신,
'진짜 나'와 만났기를 바랍니다.